für Fabian

Druck und Bindung: Proost N.V., Turnhout
ISBN 3 522 43143 X (Gesamtausgabe)
ISBN 3 522 43147 2 (Band 9)

ISBN 3 522 43144 8 (Band 6)
ISBN 3 522 43145 6 (Band 7)
ISBN 3 522 43146 4 (Band 8)
ISBN 3 522 43148 0 (Band 10)

Die Wolkenreise

Ein Bilderbuch von Sis Koch
zu einem Gedicht von
Sigrid Heuck

Thienemann

Einst liebte der Wind
ein Wolkenkind.
Weiß, duftig und zart,
nach Wolkenart,
zog es über den Himmel geschwind.
„Komm mit mir auf die große Reise!
Ich zeig dir die Welt auf meine Weise!“
lockte der Wind
das Wolkenkind.

„Ich zeige dir Wälder

Wiesen und Felder

grüne Steppen mit wilden Pferden,
Rinderherden

Wolkenkratzer

und einsame Wüsten

hohe Berge und steile Küsten.

Ich zeige dir Schiffe

Korallenriffe

und bring dich, ganz ohne Geld,
rund um die Welt.“

Da seufzte das Wölkchen tief
und rief:
„Ich kann nicht mit dir gehn,
auf Wiedersehn!
Schön war es, dir zu begegnen,
aber jetzt muß ich leider regnen!“

Sigrid Heuck

wurde in Köln geboren und lebt seit 1949 im bayerischen Voralpenland. Nach dem Studium der Mode-Grafik besuchte sie die Akademie der bildenden Künste in München und machte sich anschließend als freiberuflich arbeitende Grafikerin selbständig.

Sigrid Heuck kam über die Illustration zum Schreiben, weil es ihr mehr Spaß machte, eigene Texte auszustatten.

Sie schreibt und illustriert nicht nur Bilderbücher, sondern verfaßt auch Kinder- und Jugendbücher.

Viele ihrer Bücher wurden in fremde Sprachen übersetzt und mit internationalen Preisen ausgezeichnet. So erhielt sie für „Saids Geschichte oder Der Schatz in der Wüste“ zuletzt den Phantastik-Preis der Stadt Wetzlar. Ihr erfolgreichstes Buch ist jedoch nach wie vor „Pony, Bär und Apfelbaum“, das bereits eine Auflage von über 500.000 Exemplaren erreicht hat und sechs internationale Preise erhielt.

Sis Koch
Ich wurde in München geboren,
wo ich ab und zu auch mal wohne.
Ich habe nie malen gelernt,
nie geheiratet,
nie einen Führerschein gemacht,
ich habe keinen Photoapparat,
keine Schreibmaschine,
keinen Computer
– aber ich habe Zeit.
An diesem Bilderbuch (Originalgröße, Öl auf Holz)
habe ich fast 5 Jahre gepinselt,
im Turm eines oberbayerischen Wasserschlosses,
aber nur bei Nebel, Regen, Schnee und nachts.
Es ist mir ziemlich schwergefallen...
es ist mein erstes und
vielleicht auch mein letztes Bilderbuch.